真の父母様の御言集

祝福の絶対価値と神氏族的メシヤの責任完遂

光言社

はじめに

創造原理から見るとき、成長期間を経て天の父母様（神様）の直接主管圏に入った人は、天の父母様と完全に一体となり、喜びも悲しみも共に感じることができ、いつ、どこにいても、天の父母様と同じ立場に立って見つめ、考え、判断し、行動することができます。人類歴史上、初めてその基準に到達された方が真《まこと》の父母様です。

真の父母様は、一九六〇年の御聖婚から始まる第一次七年路程において、三十六家庭、七十二家庭、百二十四家庭を祝福し、「真の父母の日」、「真の子女の日」、「真の万物の日」を制定され、一九六六年に「統一原理」をまとめた『原理講論』（韓国語版）を発刊されました。そして、第一次七年路程を勝利された真の父母様は、一九六八年一月一日に「天の父母様の日」を宣布され、真の父母様の御家庭が天の父母様の直接主管圏に入られたのです。

このようにして、真の父母様は、天地創造の前から天の父母様の心に創造理想として存在していた「真《まこと》の父母」と「祝福」を実現し、永遠不変の真理である「統一原理」を人類の前に明らかにしてくださいました。その歴史的な第一次七年路程の勝利基盤の上で行われた式典が四百三十家庭の祝福です。

真のお父様は、第一次七年路程の勝利と四百三十家庭の祝福について、次のように語られています。

「第一次七年路程は、氏族的メシヤを立てるために、サタン世界から子女たちを取り戻し、彼らを祝福しなければならない期間です」（一九六七・一二・二七）

「一九六八年から新しい希望の時代が開かれました。その時からは、家庭を中心として収拾する時代です。ですから、先生は、四百三十家庭に『氏族的メシヤの使命を果たしなさい』と言ったのです」（一九七〇・四・六）

このように、第一次七年路程を経て天の父母様と完全に一体となられた真の父母様は、家庭を中心として氏族圏を収拾することによって人類を救済するために、祝福家庭を氏族のメシヤとして立てられました。統一教会と人類の命運を左右する苦難の絶頂期であった第一次七年路程は、私たち祝福家庭を氏族のメシヤとして立てるための路程でもあったのです。

今や天一国《てんいちこく》時代を迎え、神氏族的メシヤとして立てられた祝福家庭の責任は、真の父母様によって解き明かされた「統一原理」を氏族圏に伝え、真の父母様を証《あかし》して祝福へと導くことです。私たちに与えられた地上生活の時間は限られています。与えられたこの時間に責任を果たすため、全力投入しなければなりません。

本書は、「真の父母」と、「祝福」と、「統一原理」の絶対価値、そして神氏族的メシヤの責任を完遂するための伝道方法を、み言《ことば》を通して学ぶことができます。「み言のとおりに実践して、氏族を伝道できました」と勝利報告をしてさしあげることが、天の父母様と真の父母様が最も喜ばれることではないでしょうか。

真《まこと》のお父様は、「『統一原理』は私の中にあり、私は『統一原理』の中にいる」（一九七七・二・三）と語られています。その真のお父様と真のお母様は、既に「最終一体」を成し遂げられ、摂理の「完成、完結、完了」を宣布していらっしゃるのです。今こそ祝福家庭が真の父母様と完全に一体となり、天の願いを実現しなければならない時です。すなわち、真の父母様が第一次七年路程を勝利して四百三十家庭を祝福されたように、氏族圏を中心として四百三十家庭を祝福に導く、それが神氏族的メシヤの責任完遂の道です。

その道を歩むために必要なものこそ、「真の父母」と、「祝福」と、「統一原理」に対する絶対信仰、絶対愛、絶対服従です。天の摂理の本流に乗って、堂々と「真の父母」を誇り、「祝福」を誇り、「統一原理」を誇りましょう。

世界基督《キリスト》教統一神霊協会

祝福の絶対価値と神氏族的メシヤの責任完遂　目次

※本文中、各文章の末尾にある（　）内の数字は、原典『文鮮明《ムンソンミョン》先生み言《ことば》選集』の巻数とそのページ、または、み言を語られた日付を示しています。
例：（一二三―四五六）＝第百二十三巻の四五六ページ、（二〇〇一・一・一）＝二〇〇一年一月一日

第一章　祝福の絶対価値

第一節　祝福の絶対価値と原罪の清算

(一) 真《まこと》の父母の祝福による原罪の清算

原罪の清算は、どのようにしなければなりませんか。先生がある条件を中心として祝福してあげなければなりません。皆さんが祝福式のときに、聖酒を飲むことが原罪を清算する儀式なのです。このような絶対的な内容を中心として、天と地においてサタン世界を分立させていくのです。原理がそのようになっています。(三三―二四一、一九七〇・八・一六)

祝福を受ければ、血統復帰の祝福をしてあげるのです。そして、所有権と心情圏の復帰、この三大祝福を復帰した条件を、先生の特権として付与します。このようにして、統一教会が主張する愛の理想を中心として、絶対家庭を出発し、サタンとは完全に離別するというのです。（二七九―九六、一九九六・七・二四）

祝福というものを通して、新しい血統を受けました。それは、血統転換の勝利圏を立てるために、数千年の神様の苦労を土台とし、実体を中心とした先生の苦労の生涯が付け加えられて成し遂げられたのです。神様と先生を足場として、その上に立った人たちが皆さんです。祝福を受けるというのは、悪の血統を切って接ぎ木することです。接ぎ木することによって血統が変わるのです。（三五―一七八、一九七〇・一〇・一三）

野生のオリーブの木と真のオリーブの木は違います。つまり皆さんの根と真の父母の根は違うということです。真の父母の根は神様から出てきますが、皆さんの根はサタンから出てきます。父母に出会い、皆さんの根から出てきたものを切って接ぎ木

された木になってこそ、真《まこと》の実を結ぶのです。（一四六―三〇〇、一九八六・七・二〇）

真のオリーブの木である真の父が来て、接ぎ木するのです。来られる主を迎えて、全人類が新しい芽を接ぎ、新しい生命の芽が出るようにしようというのです。そのようにすれば、その実は何になるでしょうか。偽りのオリーブの木になるでしょうか、真のオリーブの木になるでしょうか。真のオリーブの木になります。そこにおいて一つ知らなければならないことは、サタン世界の何よりも天を愛するという基盤の上で初めて接ぎ木できるのであって、天に対する愛がサタン世界の愛より弱くなるときには、接ぎ木したものがすべて死んでしまい、芽が伸びていかないというのです。

ですから、聖書には、「わたしよりも父または母を愛する者は、わたしにふさわしくない。わたしよりもむすこや娘を愛する者は、わたしにふさわしくない。また自分の十字架をとってわたしに従ってこない者はわたしにふさわしくない」（マタイ一〇・三七～三八）とあるのです。誰よりも愛しなさいというのです。それはなぜでしょうか。サタンの愛よりも神様の愛が下にあってはいけません。神様の愛が上にあって、初めて芽が伸びていくのです。ここにおいて、六千年の間に蒔《ま》かれたものを肥料として育ち、実を結びます。ここに実った実は、サタンと何の関係もなく、神様の愛と神様の生命と神様の血統に連結された芽から始まり、実を結んだものです。そのようになれば宗教や救世主というものが必要なく、直接、天の国に入っていくことができるのです。（二二五―二四七、一九九一・二・二〇）

(二) 祝福の絶対価値

み旨を中心として「祝福」という言葉を考えてみるとき、この言葉は、統一教会から始まったものではありません。この言葉は、今まで神様が復帰摂理をしてこられる中で心の中にもっていたものであり、これが実践されることを願いながら歩んでこられたことを、私たちは知っています。

神様は、エデンの園にアダムとエバを創造され、彼らを祝福してそれが成就されることを願われました。それから四千年の歴史過程を経たのちに、本来、与えたいと思われていた祝福を決行するため、イエス様をこの地に送られたのです。しかし、イエス様も、その祝福の位置まで進むことができずに亡くなりました。それ以降も、数千年のキリスト教の歴史過程で、多くのキリスト教徒が殉教の血を流しながら闘ってきましたが、神様のその願いを今も成就できずにいるのです。

したがって、この「祝福」という言葉は、統一教会から始まったものではなく、創世から堕落以後の今日まで、歴史過程を通じて、心の中の一つの願いとして、神様が常に追い求めてこられた言葉なのです。

そのような願いの一日を取り戻すために、神様は、今まで受難の道を歩んでこられました。ですから、その一日を取り戻せば、その日は、歴史的な解怨成就の日であり、神様の歴史的な願いが成就する日だというのです。このようなことを考えるとき、この祝福の位置がどれほど途方もないものかという事実を、私たちは知らなければなりません。（三〇―一六四、一九七〇・三・二二）

統一教会の祝福について考えるとき、イエス様の願いとは何かということを考えなければなりません。イエス様の願いとは何でしょうか。真《まこと》の父母の基準を設定することです。それでは、真の父母の基準を設定することは、イエス様だけの願いなのでしょうか。それは神様の願いでもあるのです。それでは、神様だけの願いなのでしょうか。人類の願いでもあるというのです。これらの願いが、すべて「祝福」という言葉に含まれています。「祝福」という言葉には、神様の願いもあり、イエス様の願いや聖霊の願いはもちろん、人類の願いもあるのです。そこにこの三点が結びついています。それがすべての目的の基点です。したがって、祝福は、創造目的である四位《よんい》基台を完成できる基点になるのです。（一五八―一二一、一九六七・一二・二六）

先生は、祝福する特権をもっています。天で行う祝福に関するあらゆる手続きがどのようなものかを知り、どのようにしなければならないかをすべて知っています。それは、歴史始まって以来、先生だけが知っているので、皆さんを集めて、原則に従ってカップルをつくってあげることができるのです。このように、原則的な手続きに基づいて始まるのが祝福です。祝福は、サタン世界にいた人を、天の門の中に移しておくことができる一つの条件を設定するものです。ですから、祝福がどれほど貴いものかを知らなければなりません。（一二八―三三四、一九八三・一〇・二）

祝福を受けた人は、イエス様以上の立場にいます。祝福を受けた皆さんを、サタンは讒訴《ざんそ》することができません。男性も女性も、すべて讒訴できないのです。なぜでしょうか。真《まこと》の父母を中心として血統が連結されているからです。皆さんは世界的な蕩減《とうげん》路程を通過できていませんが、私は既に通過してきたので、その勝利した

路程を、子女である皆さんに相続させてあげることができるのです。（一八九—一四七、一九八九・四・一）

統一教会で祝福を受けたということは、堕落した人類歴史を中心として、神聖な真の愛の宮殿の門を開くことができる特権をもったということです。このような解放の群れが統一教会で祝福された夫婦なのです。（一二八—三二六、一九八三・一〇・二）

祝福家庭は、神様の国と神様の世界を相続し、神様の愛を相続しなければなりません。国を相続できる権限と神様の愛を相続できる権限を、祝福家庭はもっているのです。神様の国と神様の愛を相続できる特権的権限を許諾するものが祝福です。（三五—三〇五、一九七〇・一〇・三〇）

第二節　祝福による血統転換

㈠ 聖酒式を通じた血統転換

先生は完成したアダムであり、女性たちは堕落したエバであり、男性たちは天使長格です。堕落する時、ちょうどそのような立場だったというのです。それで、この堕落したエバを復帰するのですが、天使長が後援し、協助してあげなければなりません。蕩減《とうげん》復帰です。そうしてアダムとエバが完成する位置に立って、初めて男性が復帰されます。つまり、アダムとエバが一つになってこそ、天使長が復帰されるのです。

堕落は、アダムとエバが（神様を中心として）一つにならなかったために起きました。一つにならず、天使長がアダムに背いてエバを引っ張っていったというのです。先生が祝福祈祷をするのは、それを復帰する式です。ですから、そのときに天使長の立場にいる男性が天に協助しなければなりません。エバの復帰を協助することによって、堕落した天使長より上の立場になります。それゆえに、堕落する前のアダムの位置に上がっていくというのです。堕落したアダムよりも高く、堕落した天使長よりも高いということです。そのようにして男性が夫の位置に行くことができるのです。（九〇―一二九、一九七六・一〇・二一）

堕落するときに天使長が引っ張っていったので、復帰するときは、アダム（メシヤ）がエバを引っ張ってあげ、その次には、二人が協力して天使長を引っ張ってあげてこそ、天使長が復帰されます。堕落するときは血統を汚しましたが、復帰するときには血統を取り戻していくのです。

ですから、手をのせて祝福祈祷をしてあげる式が終わったあとに、聖酒を受けます。それは何かというと、父母の血を受けることを意味します。そのような式をすることによって完全に蕩滅復帰し、血統を転換する位置に立つので、神様から祝福を受けることができる息子、娘になるというのです。

この聖酒式というものは、父母様の血を受ける式です。そうすることによって、そのときから息子、娘になります。息子、娘の位置に行くのです。それまでは父母様と関係を結んでいなかったのですが、そのような関係を結ぶことによって、初めて復帰されたアダムとエバになります。ですから、二人が祝福を受けることができるのです。そのような式を終えたのちに、祝福をしてあげるのです。(九〇―一二九～一三二、一九七六・一〇・二二)

聖酒式は何をするものでしょうか。新しい愛を中心として神様の体を自分の体の中に投入させる式です。堕落した体は一つしかないので、神様の愛を中心として取り替える式なのです。これが正に聖酒式だというのです。

イエス様は、弟子に与えたパンに対して、「取って食べよ、これはわたしのからだである」(マタイ二六・二六)と語られ、杯に注がれたぶどう酒に対して、「みな、この杯から飲め。これは、罪のゆるしを得させるようにと、多くの人のために流すわたしの契約の血である」（マタイ二六・二七～二八）と語られました。

これと同じように、聖酒式は、愛を中心として、神様の実体を中心として、新しい血統を受け継いで原罪を洗い清めることができる式です。この式を経なければ祝福の場に行くことができません。ですからこの式は、血統を転換させる式なのです。

（三五―二四五、一九七〇・一〇・一九）

天使長を通してエバが堕落したので、復帰歴史においては、エバがアダムを通して天のみ前に立って天使長復帰をしなければなりません。そのために行うのが聖酒式です。聖酒式をするとき、先生が先に女性に（聖酒を）与えます。なぜそのようにするのか分かりますか。それが失ったエバを復帰する式です。聖酒式をすることによって霊的に一つとなり、心情的に一つとなり、肉的に一つになるのです。絶対的な内約なのです。（四六―二三三、一九七一・八・一五）

聖酒を飲むとき、天使長からエバ、エバからアダムに聖酒が渡されます。皆さんはどのようにするかというと、女性が先に杯を受けます。復帰なので、女性がいなければ、男性は再び生まれることができません。女性が杯を受けて半分だけ飲み、その次に女性が男性に杯を与えます。

杯をもらうときは、お父様に一礼します。本来は三礼するのですが、三礼するという気持ちをもって女性がそれを受け取り、半分を飲んで男性に渡します。男性が飲んだあと、それを返してもらいます。そして反対にするのです。お父様からお母様、そして天使長に渡して杯を置くのです。そのようにすれば、心情的に一体化します。

実際には、その前に先生が女性たちに手をのせて祈祷しなければなりません。女性の手に先生の手をのせて祈祷します。これが一体化の祈祷です。そのように祈祷して聖酒を飲めば、堕落の血統をきれいにすることになります。それが条件です。

キリスト教で行う洗礼式のようなものです。それが血統転換式です。（一八三―八九、一九八八・一〇・二九）

㈡ 四十日聖別期間の意義

夫は天使長の立場なので、女性が母の位置で夫を生み変えてあげなければなりません。ですから、四十日聖別期間とは何でしょうか。堕落した女性が復帰されて本然の夫と霊的に一つになる期間です。父母が一つにならなければ息子を生むことができません。父と母が一つになる位置に立たなければ、天使長を息子として生み変えることができないのです。どれほど厳粛な式か分かりません。（二六三―二一五、一九九四・一〇・四）

血統転換式を通して父母から生まれるのですが、生まれるだけでよいのでしょうか。愛の関係を結ばなければなりません。ですから、皆さんは四十日後に愛の関係を結ぶのです。これは四千年の歴史を蕩減《とうげん》し、成長したイエス様が新婦を迎えるのと同じことです。そうすることによって、初めて血統を復帰し、本然の愛と原理原則に復帰する位置に立つのです。それゆえに、サタン世界とは関係のない位置に上がっていくことができるというのです。（六二―二五八、一九七二・九・二五）

祝福式が終わったあとには、四十日間の聖別期間が必要です。それは、先生の四十年期間に該当するのです。皆さんは、四十数を超えていかなければなりません。復帰路程において、（アダムから）四千年後にメシヤ（イエス様）を迎えました。また、ヤコブから四千年後に再臨主を迎えたのです。その四千年を数理的に超えなければならないということです。それをここで、すべて蕩減するのです。

蕩減は、愛を中心としてしなければなりません。神様の愛を受け継ぐことができる四十の峠を越えて、初めて愛を結ぶのです。ですから、これは四千年の歴史を蕩減するものです。

アダムからイエス様までの四千年間は、愛を取り戻すための歴史ではないですか。また、ヤコブを立てて再臨主まで四千年を延長してきたのも、愛を取り戻すためです。理想の夫婦を取り戻すためなのです。目的は、それしかないというのです。ですから、この四十日の期間は、それを蕩減的な条件として立てる期間です。この期間には、全体のみ旨を考え、天の国を慕うのです。自分の妻や夫のことを考えるのではありません。二人が共同して、神の国と、そのみ旨のために精誠を尽くすのです。（九〇―一三三、一九七六・一〇・二一）

㈢ 三日行事の意義

三日行事という過程を経なければなりません。統一教会の世界的な秘密とは三日行事です。二度までは妻が上で愛します。世の中のどこにそのようなことがありますか。結婚の初日に愛の関係を結ぶとき、女性が天の方に上がっていきます。なぜ二度までですか。サタン側が蘇生《そせい》期と長成期を占領してしまったからです。それをひっくり返しておかなければなりません。三度目に、初めてひっくり返すのです。これが天地血統転覆式だということです。最も貴いものです。（二七三―三二五、一九九五・一〇・二九）

三日行事は、どのようにするのですか。エバは、結果的にアダムの命を奪いました。ですから、エバがアダムを生まなければなりません。男性を再び生んでおかなければならないのです。それで女性が上に上がっていき、母の役割をするのです。そして、三度目に初めて相対を迎えることができるというのがエバの運命です。（二八四―二〇八、一九九七・四・一七）

三日行事をするとき、男性と女性は、どのような立場に立たなければならないかというと、女性が母の立場に立たなければなりません。女性が母になって、愛で男性を生んであげなければならないのです。

エバがアダムを堕落させ、マリヤがイエス様に対して責任を果たせなかったので、それをすべて復帰してあげなければなりません。結局は、男性をアダムとして生んであげなければならないのです。

再臨時代まで三代をかけてきたので、三代にわたる出産の使命を果たさなければなりません。再臨時代の三代目（三日目）になって、初めて男性が夫の立場になります。完成したアダムの立場に立つので、祝福された新郎の立場に立つようになるというのです。（九〇―一三四、一九七六・一〇・二一）

先生を通して母の使命を与えられた女性が、男性を三段階で生んであげなければならないのですが、愛によって生んであげるので、その条件を立てるためには、愛するときに、今までとは反対にするのです。女性が上になり、男性が下になります。

愛するとき、それを間違えないようにしなければなりません。

そして、三日行事の式をするとき、最初に女性が祈ります。蘇生《そせい》的なアダムを出産するのに、天の祝福がなければならないからです。その次には、イエス時代に入ります。「イエス様のような第二次アダムを出産する祝福をしてください」と祈って同じ式を行います。それで二度生めば、イエス様の立場であると同時に、完成的な立場に育ったという段階に越えていくのです。そのときに、初めて夫の立場に進みます。主体的な立場に進むというのです。

その次からは、男性が上に復帰されます。それで三度目の愛は、男性が上で行うのです。二人がそのようにして愛し終えたのちには、「神様の永遠の夫婦として、天の相続を受けた永遠の家庭として父母の眷属《けんぞく》になります」と祈り、その次から夫婦生活に入っていきます。そのようにすれば、完全に蕩減《とうげん》復帰された家庭として天の国に堂々と入るというのです。（九〇―一三四、一九七六・一〇・二一）

第三節　真《まこと》の父母は永遠の中心

㈠ 真の父母はすべての出発点

真の父母とは何でしょうか。人類の一番の根になり、中心の根になる出発点が真の父母です。堕落した人間世界において「真の父母」という言葉は、人類が堕落していなければ、人類の最初の先祖に対して語る言葉だというのです。堕落したためにそれがいなくなったので、それを再現するようになるときは、人類全体を代表する最初の先祖だということを知らなければなりません。（二七七―二八五、一九九六・四・一九）

真の父母とは、どのような存在でしょうか。真の父母は、全体の希望の象徴です。堕落した人類の前に、絶対的な希望の象徴です。それは歴史的な結実体であり、この時代の中心であり、人類が生きている今日の、この世界の国家圏の中心です。そして、真《まこと》の父母は、今後の理想世界につながる未来線上における出発点なのです。

(三五―二三六、一九七〇・一〇・一九)

歴代の先祖たちは、統一の世界で、誰と出会うことを願うのでしょうか。真の父母に出会うことを願うのです。言い換えれば、真の父母と永遠に相まみえようというのです。それでは、今日の万民が願うこととは何でしょうか。世界や国家以上に真の父母を迎えることです。また、未来の子孫たちは、誰から出発したいと思うのでしょうか。皆さんの息子、娘は、皆さんの血統を通じて生まれたいと思うのではありません。真の父母の血統を通じて生まれたいと思うのです。ですから真の父母は、新たな未来の出発点になるというのです。真の父母は、歴史的な結実の中心となる存在として、周囲の全体が一つの家庭に帰結し、絡まったすべてのものが、再び一つの基点に直結され得る中心です。(三五―二三六、一九七〇・一〇・一九)

堕落した人間は、メシヤがいなければ本然の位置に復帰することができません。堕落したアダムとエバの子孫である人間たちは、誰彼を問わず、メシヤを迎えなければ原罪を脱ぐことはできないのです。

それでは、そのメシヤとは誰でしょうか。真の父母です。なぜ真の父母が必要なのでしょうか。真の父母の愛によって再び接ぎ木しなければならないからです。ですから、メシヤである真の父母が現れなければ、堕落した人間は、原罪を脱いで、罪のない解放された位置で完成段階の祝福を受ける位置に行くことはできないというのです。（三五─二二五、一九七〇・一〇・一九）

なぜ皆さんに、真の父母が必要なのでしょうか。新しい血統を受けるためです。原理から見れば、旧約時代は信仰基台の時代であり、新約時代は実体基台の時代であり、成約時代は新しい理想の時代です。ですから、愛の時代として天の国の善の血統を受けなければなりません。今までは血統が違ったのです。それで祭物を二つに裂いて血を流さなければなりませんでした。

先生は、天の国の本然の伝統的血統を相続し、真理を中心としてあらゆるサタンと闘っています。このようなことを知っているからです。真《まこと》の父母こそ、真のオリーブの木の新しい芽なのです。（一二五―二〇八、一九八三・三・二〇）

神様の摂理は、世界を救うことが目的ですが、世界を救おうとすれば、善の父母がこの地上に来て完全な基台をつくらなければなりません。これができなければ、国家や世界を完全に救う道は生じません。ですから、歴史全体の希望とは何でしょうか。国ではありません。世界でもありません。真の父母です。これを皆さんは、はっきりと知らなければなりません。ここには、民族観や世界観というものは許されません。それは、父母の血統を継承したのちに立てられなければならないのです。父母の血統を継承したのちに、氏族を編成しなければならず、民族を編成しなければならず、世界を編成しなければならないのです。父母がいなければ何もありません。真の父母を迎えなければ何もできないのです。（五五―一五三、一九七二・五・七）

㈡真の父母は永遠の中心

「真」という言葉は、代表的であるという意味です。ですから、真の父母というのは、二組はあり得ません。一組しかいないのです。過去には存在せず、現在に一組だけ存在し、後代にも存在しません。歴史上に一組しかいない父母の名をもつ真の父母が現れたという事実は、歴史上、これ以上に喜べることはない出来事です。（二六六―二五一、一九九五・一・二）

「真の父母」という言葉が、どれほど途方もないものか分かりません。神様が「真の父母」をモデルとして天地を創造したのです。その真の父母の愛の中で、真の家庭、真《まこと》の世界、真の地上天国と真の天上天国が連結されます。真の神様が歓喜の声をとどろかせるのが、その場です。ですから、真の父母に出会ったという事実は、どれほど貴いことでしょうか。（二六六—二五一、一九九五・一・一）

家庭がすっかり壊れていき、すべてが怨讐《おんしゅう》になっているので、家庭を正しく教育し、真の家庭を立てるために、そのモデルとして現れたのが真の父母です。真の父母がいるがゆえに、真の子女がいて、真の兄弟がいて、真の夫婦がいるのです。それゆえに、真の家庭があり、真の氏族が出てきて、真の民族が出てくるのです。それは理論的なことです。（二三九—二四、一九九二・一一・二三）

今、サタン世界に対して役事（働き）している神様も、真の父母の愛を中心として越えていってこそ、この世界を越えていけるのであって、そうでなければ神様の愛の世界はありません。ですから、真の父母は、自分の一族とも交換できず、サタン世界の一族とも交換できず、末世の堕落した世界の天地とも交換できない、価値のある存在だということを知らなければなりません。（一三〇―一三五、一九八四・一・二）

統一教会で祝福を受けた家庭の財産の中で、最も貴い財産とは何でしょうか。第一の財産が神様であり、第二の財産が真の父母であり、真の父母の家庭です。それ以上に貴いものはありません。それは宇宙とも交換できず、私の一身と、私のすべての所有を犠牲にしても手に入れることができない価値のある存在です。そのように考えて生きてきましたか。

それでは、なぜそのように価値があるのでしょうか。失ってしまった神様の愛を取り戻すためには、真の父母様を通さなければならないからです。真の愛ゆえに、神様以上の価値をもった存在はなく、真の父母様以上の価値をもった存在はないというのです。（二四八―二九六、一九八六・一〇・二五）

真《まこと》の父母を中心として編成されたその伝統は、歴史的な伝統として億千万世にわたって残ります。これ以上に良い伝統はないというのです。ですから、真の父母を中心として関係している事柄は、永遠に残ります。また、真の父母と縁を結んでいた事柄と、真の父母と関係を結んでいた人がいれば、その人が真の父母と関係を結んでいたという事実も、真の父母の名とともに、億千万世にわたって永久に残るのです。(四四―一三四、一九七一・五・六)

㈢ 真の父母と祝福を求めてきた復帰摂理歴史

神様は、五日間であらゆる万物を創造され、六日目にアダムを創造されたのですが、そのアダムとして来られた方がイエス様です。このようにイエス様は第二のアダム、すなわち後《のち》のアダムです。堕落していない本然のアダムです。神様が太初にアダムを創造され、そのアダムを中心としてエバを創造されたので、この後のアダムを中心として後《のち》のエバを立てなければならなかったのですが、イエス様は立てることができませんでした。エバは誰が立てなければならないのですか。アダムが立てなければなりません。エバが堕落するとき、アダムが責任を果たせなかったので、失ってしまったエバをアダムが捜し立てなければならないのです。蕩減《とうげん》原則には容赦がありません。

それでは、イエス様はどのような方なのでしょうか。人類の真の父母であり、真の父の使命をもって来られた方です。アダムが堕落していなければ、神様の祝福を受けて人類の真の父になっていたはずであり、エバは真の母になっていたでしょう。しかし、堕落することによって、その祝福を失ってしまったので、それを復帰するため、神様は、四千年の長い歴史を通して準備した基盤の上に、イエス様を真の父の使命をもった方として送られたのです。（一七―一九〇、一九六六・一二・一八）

今までの六千年の歴史は、何を取り戻すための歴史でしょうか。一人の男性を取り戻すための歴史でした。アダム家庭から今まで、多くの預言者や烈士たちが犠牲の代価を払いながら求めてきたものとは、一人のアダムだったのです。神様がアダムとエバを創造される時、先にアダムを創造され、そのアダムを通してエバを創造されたので、彼らは、先にアダムを取り戻すという歴史的責任を果たすために、神様を中心として今まで闘ってきたのです。

そのアダムを取り戻したならば、どのようにしなければなりませんか。その日から、エバを再創造していかなければなりません。再創造するときには、簡単な環境でするのではありません。国家ならば国家、世界ならば世界を前にして勝利したということを完全に決定して再創造しておかなければ、祝福を成し遂げることはできないのです。

アダム以後に失敗したすべてのことを蕩減《とうげん》するために、一人の男性として生まれた方とは誰かというとイエス様です。そのイエス様も、一人ではみ旨を成し遂げることができません。いくらイエス様がイスラエル民族に対する摂理の内容をすべて相続したとしても、イエス様一人では国家を形成することはできないのです。イエス様が国家を形成するためには、先に新しい家庭を編成しなければなりません。

新しい家庭を築くためには、地上にいる多くの女性たちを代表する一人の女性を捜し出さなければなりません。すなわち、国家的にも世界的にも、全体を通じて多くの女性を代表する一人の女性を捜し出さなければならないのです。サタン世界からその一人の女性を捜し出してこようとすれば、今までの歴史過程で多くのサタンが反旗を翻し、反対したことを取り除く闘いをしなければなりません。言い換えれば、四千年間サタンに侵犯されてきたすべてのものを完全に越えることができる勝利の条件をサタンに提示しなければ、失ってしまったエバをサタン世界から取り戻してくることはできないのです。ですから、それは簡単なことではありません。

そして、歴史的な女性になるためには、歴史的に失敗して追われたことを清算しなければなりません。また、時代を代表するエバになるためには、この時代のあらゆる女性たちを代表して、天のみ前に忠孝の道理を果たしたという一つの基準を立てなければなりません。そして、一人の女性として、一人の男性に対して烈女の心情をもって立たなければならないのです。

そのような一人の女性が現れなければ、今まで歴史過程を通して願ってきた、復帰された一人の実体であるエバを取り戻すことはできません。すなわち、歴史上のすべての女性を代表する一人の実体を立てることができないのです。それゆえに、その一人の女性を取り戻すための環境をつくるということは、簡単な問題ではありません。その位置は、一対一で対する位置なので、世界史的な内容が入っているのです。その一人の女性を取り戻せば、それによって新しい民族が形成されるのであり、その一人の女性を通して新しい世界が形成されるというのです。(三〇―一六六、一九七〇・三・二二)

イエス様は独身のまま、再臨時代を残して亡くなりました。イエス様が来たのは、地上天国の世界をつくるためです。国家的基準の上でイエス様が祝福を受けて家庭をもっていれば、全世界の家庭を結んで解放世界、地上天国を編成することができたのです。それが延長して先生の時まで来たというのです。（二五八―二二、一九九四・三・一七）

今日の統一教会において、先生を中心として、イエス様が亡くなった闘いの峠の基準に直面しなければなりません。ですから、民族が反対し、すべてが先生をたたき潰そうとするのです。言い換えれば、槍《やり》の先を突き合わせる極限の場で、そしてイエス様が亡くなった正にその場において、祝福を成し遂げられるか成し遂げられないかという峠を必ず経ていかなければならないのです。

それで、一九六〇年代がその絶頂期でした。統一教会の運命が左右される絶頂期だったというのです。死ぬか生きるかという境地において、祝福を成し遂げたという基準を中心に、一つの峠を越えることによってすべてが解放されていくのです。

そうして三十六家庭、七十二家庭、百二十四家庭を中心に、三年の期間にこれを復帰してきました。祝福を成し遂げるために六千年の歴史がかかったのですが、祝福を成し遂げるまでにどのような過程を経たのかというと、三時代を経てきたのです。蘇生《そせい》、長成、完成の三時代、すなわちアダム時代、イエス時代、再臨時代の三時代を経てきたということです。（一五八―一二一、一九六七・一二・二六）

第四節　祝福家庭のあるべき姿

(一) 天の父母様の息子、娘であると自覚する私

天国を実現する理想的な家庭基盤を皆さん各自で、あるいは皆さんがいる部署において成就しなければなりません。そうしてこそ、崩壊したサタン世界圏を吸収するとき、それが一つの起源になり、足場になり得るのです。

それでは、これから皆さんは、どのような考えをもたなければならないのでしょ

うか。堕落していない本然の世界において、神様とアダムとエバが完全に一つになったのと同じ生活圏をつくり、真《まこと》の父母を中心としてその父母と内的な生活も外的な生活も、環境的なあらゆる生活が一致する、そのような生活圏をつくらなければなりません。そのようにしなければ、それは神様が主管できる真の家庭になれません。本来の神様の創造理想から見れば、子女は父母と永遠に一緒に暮らすことができるのです。自分が永遠に別れることのできない子女の立場にいることを、自ら感じる自分にならなければならないということです。（九〇―一九二、一九七七・一・二）

先生と皆さんが父子の関係にあるとすれば、ここに真の父母と真の子女の関係が成立しなければなりません。ところが、その真の父母と真の子女の関係は、皆さんと先生自身がいくら結ぼうとしても、結ぶことはできないのです。ここに神様が介在しなければなりません。先生の家庭に神様が共にいると同時に、皆さんにも神様が共にいて、その神様が結んでくださってこそ、そこで新しい天の家庭の心情を体《たい》恤《じゅつ》することができるのです。

ですから、これから皆さんが真《まこと》の父母に対して感じなければならないことは、神様を中心とした一つの父母だということです。そのような考えが自然に生じなければなりません。春の季節になれば、太陽の方に向かって新しい芽が出てくるように、自分の心にそのようなものが芽生えてくることを感じられる皆さんにならなければなりません。

そのために最も重要な問題とは何かというと、自分は神様の息子、娘だと自覚することです。「私は間違いなく神様の息子、娘だ」という自覚をもたなければなりません。「私は間違いなく神様の息子、娘だ。サタン世界と区別された神様の息子、娘だ」と自覚できる自分を発見しなければならないのです。それが第一の問題です。

堕落とは何かというと、自分は神様の息子、娘だと感じられなかったことです。そのような自覚ができなかったことが堕落です。ですから、今日の皆さんは、反対に神様の息子、娘だということを自覚しなければなりません。「私は、神様と真の父母の名によって、真の父母の息子、娘として生まれた」と自覚することによって、その場から新しい天の心情に連結されるのです。（九〇―一九二、一九七七・一・一）

主体的な神様を中心として、先生がそのマイナスとなって完全統一を成し遂げたのと同じように、皆さんも、真の父母を中心として実体的なプラスとマイナスの立場に立ってこそ、神様と一つになった位置に自由に入っていくことができるのです。したがって、皆さんは、皆様の肉身の父母に所属した息子、娘ではなく、まず神様の息子、娘であることを闡明《せんめい》（今まで明確でなかった道理や意義を明らかにすること）していかなければなりません。

たとえ、今はまだ、皆さん自身が神様の息子、娘だと叫ぶには不足な点があったとしても、真の父母から祝福され、真の父母の息子、娘になったという条件的基準を中心としてでも、自信をもって進んでいかなければなりません。（二〇〇四・七・一六）

(二) み旨を中心に一つになる夫婦

重生の論理から見て、真《まこと》の父母、真の父がどれほど必要でしょうか。女性にとっては絶対に必要です。女性は器だからです。ですから、全世界の女性は、先生の対象圏に入らざるを得ません。それで、再び生まれなければならないのです。再び生まれたその妻を、夫は神様の夫人として侍らなければならず、その息子、娘を神様の息子、娘として侍らなければなりません。

夫は三年の間、息子、娘を王子、王女として侍り、妻を女王として侍り、過去を悔い改めて絶対服従することができ、真の父母のためであれば、生死を越え、昼であれ夜であれ、いつでも行動できる、そのような男性になるとき、勝利した先生の体の代身者になり、真のオリーブの木になれる資格を認定するのです。そうでなければ天国に入っていくことはできません。(二四九―二七二、一九九三・一〇・一〇)

三年間は、自分の妻を后《きさき》のように侍らなければなりません。エバとは誰ですか。神様の夫人です。神様のみ前に王女です。アダムとエバは王子と王女なのです。王子と王女は、完成すれば王になるというのです。サタンが息子、娘を蹂躙《じゅうりん》したので、蕩減《とうげん》復帰しなければなりません。

その位置は、堕落して復帰された条件的立場にいるアダムの位置なので、三年間、母として侍らなければ、生まれた位置に再び上がっていくことができないのです。ですから、皆さんは、三年間は天使長の役割をしなければなりません。アダムが主管権を転倒させたことを、皆さんが協助して蕩減復帰するのです。（二三二―二四九、一九九二・七・九）

祝福された家庭は、祝福されたその日から、各自二重の十字架を背負っていかなければなりません。男性は、自分の世界ばかりでなく、女性の世界にまでも責任を負わなければならず、女性もまた、自分の世界ばかりでなく、男性の世界にまでも責任を負わなければなりません。このように二人で責任を負っていく道の中に、サタンが讒訴《ざんそ》できる内容が残されてはいけません。これが祝福された家庭の行くべき道です。（三〇一一七九、一九七〇・三・二二）

「自分だけを愛してほしい」、「あなたは私のものだ」などという、今までの世の中の夫婦が慣習的に語ってきたそのような言葉を、祝福家庭は語ってはいけません。ですから、妻になった人は、時間さえあれば、そのような夫にならないように精誠を尽くさなければなりません。また、夫になった人も、時間さえあれば、そのような妻にならないように精誠を尽くさなければなりません。互いに力を合わせて助け合い、導いてあげなければならないのです。み旨の道を行くのに、心を痛めないよう互いに勇気を与え、互いに導き合わなければならない責任を共に負っているのが夫婦であり、家庭だというのです。（三〇一一七九、一九七〇・三・二二）

自分が相手を引っ張っていくのか、相手が自分を引っ張っていくのか、いずれにしても二人のうちで一人でも先に行かなければなりません。一人は前を行き、もう一人は従っていく立場に立ってこそ、最後までみ旨の道を行くことができるのです。そのように二人が協助していかなければ、み旨の道を行くことはできません。

それでは、ここで誰が主体になり、誰が相対になるのでしょうか。信仰生活において、主体になり得る人が自分の妻ならば、たとえ自分の妻だとしても侍っていかなければなりません。このような生活をしなければなりません。ここでは、妻に絶対服従しなければならないのです。男性だといって大口をたたいてはいけません。

また、女性も同じです。男性が主体となって責任をもっているのであれば、外的な問題をもって男性に何だかんだと言ってはいけません。お金も稼げず、格好も悪く、能力がなくても、それが問題ではありません。問題は、み旨に対してどれくらい忠誠を尽くせるかということです。互いに自らの生命の中心になれるかということが問題だというのです。

これを重要視せずに、自分が願う外的な条件を求めていった人々を見てください。必ず結果が良くなかったのです。ですから、もし個体が願う相対的基準ではなかったとしても、落胆してはいけません。その人のみ旨を思う心が自分よりも勝っていれば、その人を通して世界を復帰していこうと思わなければなりません。そのようにできる男性、そのようにできる女性を求めなければならないのです。

外的な形態を備えて、ぶらぶら遊んでいる学士や博士よりも、むしろ純真で純朴な農村出身者たちのほうが、より福になるかもしれないのです。自分を主張して大口をたたいている人よりも、ただ黙々と引っ張れば引っ張るほうに行き、またどこかに置いておけば、永遠にその場を守ることができる、そのような人が天にはより必要だというのです。（三〇―一八二、一九七〇・三・二二）

㈢ 祝福子女の模範となる父母

神様にとって堕落とは何かというと、三代を連結させることができなかったことです。先生が一代ならば、祝福を受けた皆さんは二代であり、皆さんの子女は三代です。ですから皆さんは、アダムとエバの立場で、アダムとエバを創造した神様の伝統的な創造理想を、神様の代わりに見せてあげる実体対象として、子女たちを養育すべき責任があることを忘れてはいけません。（二五四―二〇一、一九九四・二・六）

父母たちがみ旨の生活において模範にならなければなりません。家庭での祈祷生活や家庭礼拝など、どのような面でも、既成教会に負けない信仰生活を子女たちに見せなければなりません。また、敬礼の時間が、どれほど重要かということを認識させてあげなければなりません。その時間は、敬礼式だけで終えるのではなく、み旨を中心として、父母として子女たちを教育しなければならないのです。

子女を教育するためには、父母がまず実践しなければなりません。父母が手本となり、み旨に忠誠を尽くさなければならないのです。そして、父母がどのような話をしても、一言半句も口答えせずに父母を畏敬できる、そのような立場に子女たちを立てなければなりません。(三一―二六八、一九七〇・六・四)

地上天国と天上天国を拡大し、未来の天国を創造する人が自分の子孫なので、その子孫を自分たち夫婦よりもっと立派にしなければなりません。息子、娘は、父と母の血を混ぜたものです。夫の世界と妻の世界の二つを合わせた結実体として存在しているのです。ですから、過去と現在、天と地が一つになった位置に立つのが息子、娘なので、自分たちよりも重要視しなければなりません。

その息子、娘に対して、「こいつ!」と言いながら命令するのではなく、尊重し、敬いながら未来の天的な皇族として育て、その世界においての原理に合うように修養させなければならないのです。口調などあらゆることを、そのようにしなければならないのが、統一教会の祝福家庭たちの重要な任務です。(二四九―三〇六、一九九三・一〇・一一)

祝福結婚式は、偽りの愛の因縁を清算して、絶対「性」を中心とした結婚の神聖な内容と価値の回復を目指すものです。真《まこと》の夫婦の愛、真の父母の愛、真の子女の愛を回復するための儀式です。ですから、祝福結婚式に参席する人は、純潔と信頼を生命視し、不変の夫婦の愛を誓約します。その真の愛の基盤の上で、真の家庭をつくり、真の子女を養育し、生活の中で真の国家と平和世界の実現に献身することを誓うというのです。（二八八―一七二、一九九七・一一・二七）

皆さんは、祝福を受ける時に血統転換式をしたのです。それを自分の命よりももっと信じなければなりません。統一教会の一つの礼式だと思って、一般の宗教儀式と同じだと考えてはいけないのです。これは、死んだ人を復活させる注射と同じです。解毒注射です。

私たちの先祖が過ちを犯したために、どれほど歴史を犠牲にしたかを知っている

「私」が、再び同じ道を行くことはできません。絶対に行くことはできないのです。根本を汚したので、きれいに清算した「私」は、根本においても、血統内にそのような痕跡を千年、万年残さないという自負心をもって、息子、娘を育てることができなければなりません。（二二六―一〇七、一九九一・三・九）

㈣公的に生きる家庭

祝福家庭の生活は、自分たち夫婦のためだけに生活するという観念を超越しなければなりません。そのようにしなければ、皆さんは、この地上で蕩減《とうげん》条件を立てて国家を復帰し、また世界を復帰するときに、功臣の基準を残すことはできません。皆さんがそのような基準を残すことができなければ、霊界に行って自らの行く道を管理することはできないのです。

それゆえに、皆さんが祝福されたのちに行くべき道は、自分たち夫婦のための道ではありません。夫婦のために生きる前に、氏族のために生きてこそ、夫婦として安息できる位置が展開するのです。また、氏族は、国家のために生きてこそ、氏族が安息できる位置が展開するのであり、国家は、世界のために生きてこそ、国家が安息できる位置が展開するのです。

このような観点で、祝福というもの自体が、皆さん個人のためのものではないことを知らなければなりません。皆さん各自が、「祝福は全体を代表するものである」という信念をもっていかなければなりません。そのような立場で互いに一つになって家庭を形成するとき、初めてその家庭は、世界へと向かうことができる家庭になるのです。（三〇―一七七、一九七〇・三・二二）

祝福された夫婦は、自分たちの思いのままに生きることはできません。神様の公約のために、あるいはその国の公約のために生きなければなりません。自分の相対が優れているとか劣っているということは問題ではありません。行くべき目的性が問題です。つまり、自分たちが生きることによって、子孫たちの行くべき正しい道をどのように築くか、ということが問題だというのです。（三〇―一七九、一九七〇・三・二二）

神様が訪ねてこられるその家庭の基準は、皆さん自身の家庭だけに限られたものではありません。神様が探し立てた家庭は、世界に行くことができるのです。国家を代表し、世界を代表し、天を代表する家庭をつくるために訪ねてこられた歩みが祝福の歩みなので、天の父母の家庭を通して祝福を受けなければなりません。そして、祝福を受けたのちに、精誠を捧げる家庭として正しい道を行けば、その息子、娘たちは統一教会の大運をもって生まれてくるのです。

その父親と母親がいくら劣っていたとしても、彼らの子女は、天の運勢をもって生まれてくるのです。ですから、天の運勢をもって生まれてくることができる子孫をどのように残すのか、それは、父母が精誠を尽くす基準によって、その内容が決定するのです。すなわち、国のために、世界のために、天のためにというその心が、どれくらい切実だったか、どれくらい精誠を尽くしたかによって、今後生まれてくる子孫の運命が左右されるのです。

自分の欲心をもって動いてみたとしても、天がその人に同調するのではありません。そのようにすれば、天は離れるのです。自分個人の欲望を充足させるために生きたとしても、そこに天はいらっしゃいません。世界と国家と民族のために生きる立場にいるときに、共にいらっしゃるのです。ですから、より広く、より高い愛を探し立てなければならないのが祝福家庭の道だということを、皆さんははっきりと知らなければなりません。（三〇―一八五～一八七、一九七〇・三・二二）

第二章　「統一原理」の絶対価値

第一節「統一原理」の絶対価値

㈠「統一原理」とは

神様は、人間の心の中にしみ渡る新しい生のビジョンを用意していらっしゃいます。「統一原理」こそ、正にその新しい啓示です。ですから、人々が統一教会の運動に参加するようになる理由は、「統一原理」の中にある真理の力によって磁石のように引きつけられるからです。真理に接すれば、誰もがそれにしがみつくものです。最も絶対的で完全な真理に接すれば、今まで信じていた低い次元の真理にしがみつこうとはしないでしょう。神様の新しいみ言《ことば》は、生の根本であり、光となるものです。（九一―一〇一、一九七七・二・三）

「統一原理」が教えてくれるものとは何でしょうか。心情です。どのような心情でしょうか。神様の心情を教えてくれるというのです。歴史的な神様の心情、時代的な神様の心情、未来的な神様の心情、私の家庭に対する神様の心情、国家に対する、社会に対する、全体に対する神様の心情を論じているのです。（一〇四―二八六、一九七九・六・一）

統一教会は、神様の心情の歴史を掲げてきました。それだけでなく、それをもって現在の時代を分析しています。ですから、今後世界がどのようになるかということを明確に知っています。人として生まれたのなら、一度やってみるだけの価値があることをしているので、先生は、このことをするためにありとあらゆることをしました。人間以下の扱いを受けても、日向から日陰に行くようになっても不平不満を言わず、かえって希望に満ちた心で今日まで闘ってきたのです。このような人たちをつくるために、先生が皆さんに教えてあげるのが「統一原理」です。（二五―二

二三、一九六九・一〇・四）

「統一原理」は、過去にもなく未来にもない、一つしかない原理です。歴史上に現れた多くの宗教の教主たちと闘い、神様の公認を受けた原理なのです。皆さんは、これを知らなければなりません。これから遠くない将来に、統一教会が世界を動かす時が来るでしょう。「統一原理」は、より高い真理、より高い思想、より高いみ旨、より高い生活観、より高い行動観として、万民が従わなければならないものです。

（二四―三二〇、一九六五・一・一〇）

私たちには、原理が必要です。原理原則が必要なのです。その原理原則は、誰にも干渉されるものではありません。それは、歴史圏内にあるものではなく、歴史を超越し、歴史を動かすことができる起点にあるのです。歴史的な結果の立場にあるものではありません。したがって、原理は、いかなる先祖も子孫も干渉することができません。そこには、先祖も順応しなければならず、子孫も順応しなければなりません。それだけでなく、歴史も順応しなければならないのです。原理というそれ自体が絶対的な主体性をもつ原則的な内容なので、私たち統一教会は原理を主張するのです。（三二―一〇二、一九七〇・四・二六）

皆さんが歩んでいく路程において、サタンの試練がたくさんあるでしょう。霊界に通じる人は、多くの試練にぶつかるようになります。そして、サタンは、人間が試練によって倒れれば、「お前がこのようにしていてよいのか」と讒訴《ざんそ》しながら、皆さんの行く道を妨げるのです。ですから、今日の皆さんには、そのようなサタンの讒訴を避けていくことのできる道がなければならないのですが、その道を教えてくれるのが「統一原理」です。（三―二一〇、一九五七・一一・一）

原理とは何かというと、サタン世界に勝つことができる盾です。洪水が起きれば、洪水を防ぐことができる堤防が築かれているなど、防備できる内容をもっていてこそ、その洪水を避けることができます。それでは、なぜ原理のみ言《ことば》が必要なのでしょうか。邪悪な世界やサタン圏内の勢力などの悪が氾濫して侵犯してくるのを防ぐためです。防いで、それを越えていかなければなりません。（二三〇―一六一、一九九二・一〇・一九）

「統一原理」こそ、数千年間隠されてきた聖書の秘密を明確に解いてくれるものです。アメリカのキリスト教界の指導者たちも、一度原理を聞きさえすれば、七年以内に完全に方向を変えるようになります。私たちがそのような最強の武器をもっていることを知らなければなりません。（二四三―二一一、一九九三・一・一〇）

これから世界が求めるものは「統一原理」しかありません。これ以上ないほどに反対され、これ以上ないほどの迫害を受けましたが、レバレンド・ムーンは粘り強く頂上を克服し、勝利の覇権を握ることができる段階まで来ました。これはうそではなく、実証的事実です。現代において、これは歴史を中心として否定できない事実になっています。ですから、これから求めるのは、共産主義でもなく、民主世界でもないのです。統一教会であり、「統一原理」です。神様を知らなければ、すべてのことが解決されないということです。（一九七―二七六、一九九〇・一・二〇）

㈡メシヤと「統一原理」

「統一原理」は、新約と旧約のすべての内容と未知の事実を、体系的に理路整然と明らかにしてくれた偉大なみ言です。そのみ言は、偶然に出てきた曖昧なみ言ではありません。私の命懸けの闘争を記録した闘争実績史です。これは、神様も取り除くことはできず、サタンも取り除くことができません。

人類がこの原則を中心として一体になるときは、神様も、その原理が取る方向に対して歓迎しなければなりません。そして、これに反対するサタンは、必ず除去されるようになるのです。偉大な論理的起源を中心として、善と悪の間で神様とサタンを媒介として闘争し、公証を受けて出てきた記録書が「統一原理」です。（一九六―二二二、一九九〇・一・二）

真理は実体化されなければなりません。真理は、生きている人間の中で存続し、完成されなければならないのです。そうしなければ、真理はサタンに奪われていき、誤って利用されることがあります。ですから、私は、すべての条件が造成され、真理がある線まで実体的に具現される時までは、新しい真理を公表しないのです。また、ある面で「統一原理」は、私の生涯の記録でもあります。それは私自身の生活経験です。この「統一原理」は私の中にあり、私は「統一原理」の中にいるというのです。（九一―一〇一、一九七七・二・三）

先生は、原理の価値を知ってから、そのために一生を捧げてきました。原理のみ言《ことば》の一言一言に宿っている理念は、偶然に得られたものではありません。億万のお金を出しても買えない宇宙的な材料です。心情の世界に広く連結されている宇宙的な材料なのです。私にはこの世界を収拾しなければならない使命と責任があるので、私がこの原理を探し出すことができなければ、人間として生まれた目的を達成することができなくなり、全人類が死亡のどん底に落ちるようになると考えたのです。

（一二一—一九八、一九六二・五・一五）

多くの人たちは、私について「単に真理の発表者であり、その伝達者にすぎない」と言いますが、私は真理のとおりに生き、それを具体的に現しました。したがって、人々が私と私の行動を理解する唯一の方法は、「統一原理」を通じて理解しようとする方法しかありません。「統一原理」を知って研究することによってのみ、私を理解することができるということです。これは、信徒たちが「統一原理」を研究すればするほど私をより正しく理解することができ、私により忠誠を尽くすようにな

る理由でもあるのです。（九一―一〇一、一九七七・二・三）

第二節「統一原理」を学ぶ理由

(一)「統一原理」を学ぶ理由

信仰とは何かというと、永遠の生涯のために準備することです。永遠に生きることができる生の道を準備するのです。その生の道を行くためにあるのが信仰の道です。ですから、過去に自分の父母の血肉から受け継いだすべてのものを清算しなければなりません。自分に勝たなければならないのです。それでは、何をもって自分に勝たなければならないのでしょうか。原理のみ言《ことば》をもって勝つのです。（二一三―九九、一九九一・一・一六）

原理学習をしなければなりません。原理が武器です。原理のみ言が分からなければ、先生のみ言を理解することはできません。これからの歴史発展の帰趨《きすう》もよく分からないのです。ですから、皆さんが原理を熱心に学び、今後、この国の重要な「棟梁之材《とうりょう》」（中心人物になり得る人）になることが先生の願いです。（二二四―一三〇、一九九一・一二・一二）

統一教会の指導者は、原理を知らなければなりません。それだけでなく、生活に適用しなければなりません。原理をどのように生活に適用するのかという問題が今までおろそかにされてきたために、相当な苦衷があったというのが今日の現実です。ですから、まず原理に関する主流の骨子を知らなければなりません。皆さんが原理を知ってこそ、その次から「勝共思想」や「統一思想」を知って、共産主義の問題を扱うことができるのです。「勝共思想」は原理を根本としているので、原理を知らなければ分かりません。第一の問題が原理です。原理が分からなければ、皆さんが今後、より発展できる道や、実力をつけていける道を開拓することができませ

ん。ですから、まず原理をよく学ばなければならないのです。（六五—三三三、一九七三・三・五）

私たちは、「復帰原理だ！　歴史過程に現れた復帰を学ぼう！」と考えるのですが、復帰原理を学び、復帰というそれ自体を知ることが問題ではありません。復帰原理を動かして摂理してきた神様が、どのような方なのかを知ることが目的です。

そして、神様がどのような悲しみを抱きながら私のために苦労したのかという事実をはっきりと知るので、自分と比較してその差があまりにも大きいことが分かるようになるのです。そのような方が私のために苦労したという事実があまりに途方もないことだと感じるようになるとき、それが自分にとって力の母体になり得るというのです。自分とは比べ物にならないほど天は偉大であり、貴いことを感じる、そこから天に対する感謝の心情や、天に忠誠を尽くそうという決意が爆発して出てくるのです。（二五七—二四一、一九六七・四・一〇）

皆さんは、昔、自分が原理のみ言《ことば》を聞いた時に感じたその気分を、もう一度回復しなければなりません。その時にもう一度帰らなければならないのです。そうして、み言に対して感謝しなければなりません。み言を聞いて感じた衝動を再び回復し、その道を再び求めなければ、いくら努力しても駄目です。蕩減《とうげん》復帰しなければなりません。このような闘いは、皆さんの生涯を懸けて、死ぬ時までしていかなければならないのです。先生もそのようにしているというのです。（二二—四八、一九六九・一・一九）

㈡「統一原理」を学ぶ内的姿勢

皆さんが原理で堕落論を学び、アダム家庭を学び、ノア家庭を学びながら、自分の家庭でアブラハム家庭の蕩減路程を通過しなければなりません。ヤコブの路程はモーセの典型路程であり、モーセの路程はイエス様の典型路程であり、イエス様の路程はキリスト教の典型路程であり、先生の路程は統一教会の典型路程なのです。ですから、先生の歴史を聞くたびに、先生だけの歴史ではなく、皆さん自身の歴史だということを理解しなければなりません。自分の罪を蕩減《とうげん》できる道を自ら求めていかなければなりません。原理の道は、先生だけの道ではないのです。（二二八―一〇八、一九九二・三・二六）

今後、皆さんが仕事をしていくにおいて、み旨に対して心を尽くせない、み旨に対してぼんやりしてしまうということがあるとき、それはどういうことかというと、先生について分かっていないということです。原理は学んで知っていますが、原理を通して進むべき道を自ら歩み、原理のみ言《ことば》を伝える中間の役割を自分自身が果たすためには先生が必要です。ですから、原理を学びながら先生について研究しなければならないのです。（一五七―二四一、一九六七・四・一〇）

原理のみ言を学ぶときは、ただ文章をそのまま覚えるよりも、その背後に連結された内的な心情がどのようになっているのか、そのページを見ながら、その心情に深く入り込まなければなりません。

それでは、心情に深く入り込むとき、最も問題になることとは何でしょうか。そこには先生が問題になるのです。先生を中心として見るとき、皆さんが原理を学び、あるいは原理の意義を知って先生と連結させていくことに対して漠然としている人が多いので、どうしてここで自分が先生と連結させて関係を結ばなければならないのか、その明確な根拠をつかまなければなりません。

その根拠をつかむとき、必ず心情問題を中心としてつかむのです。歴史において神様が感じてきた復帰摂理の心情と、先生が復帰摂理を歩みながら蕩減してきたときの心情を、皆さんが体恤《たいじゅつ》しなければならないということです。（一五七―二四〇、一九六七・四・一〇）

第三節「統一原理」の生活化

(一)『原理講論』の訓読

原理のみ言《ことば》を一日に少なくとも十ページ以上は読まなければなりません。皆さんが一日に三回食事をするならば、それに合わせて霊的な呼吸も一緒にしなければなりません。

皆さんは、原理のみ言をすべて分かっていますか。原理のみ言を中心として、実践の復帰路程を身もだえしながら歩む先生がいるのです。その先生の骨髄に流れる深い心情の谷間をもっと知りたければ、原理のみ言に自分の根を深く、深く下ろさなければなりません。(四六—一六九、一九七一・八・一三)

なぜ原理の本が必要なのでしょうか。本はいつも持ち歩くことができるからです。心霊状態が下がれば、本のどこで感動を受けたのかを知っているので、自分がいつでもそこを読むことができるというのです。ですから、そこを読めば（心霊が）復帰され得るのですが、講義だけ聞いていてはその基盤がありません。毎日、二十ページや三十ページを読んでいくのです。それを毎日継続してみてください。それを継続すれば、心霊状態が発展するのです。それが、原理のみ言が他のものと違うところです。（二六五―二二三、一九九四・一一・二三）

『原理講論』の本を何回読んでみましたか。五十回以上読んだ人はいますか。十回ですか。それは読んだうちに入りません。その数が増えれば増えるほど、心霊状態が高まるのです。周りで誰かの話を聞いていても、本があるので、本を中心としてすべて解決できるのです。原理のみ言を書くときに、神様と先生に代わってみ言を書くようにさせたのです。ミスター劉《ユ》（劉孝元《ヒョウォン》先生）が書いたのですが、すべて先生の管理のもとで書いたので、天と連結していることを知らなければなりません。普通の文章とは違うというのです。（二六五―二二三、一九九四・一一・二三）

皆さんが原理のみ言《ことば》を読んだ時、夜眠れずに、涙を流してみましたか。劉《ユ》協会長の素晴らしいところは、原理をすべてノートに記録しながら、一ページごとに涙を数百回も流したということです。知識人として、大学に通った頭の良い人間として、真理を探究することに疲れ果てていたところに、これ以上ないほどの深い世界を知るようになったので、涙を一滴や二滴ではなく、滝のように流したのです。

その真理に接したときに恍惚《こうこつ》となり、涙なしには記録できなかったというのです。一ページを記録するのに一週間かかったということを私は聞きました。ですから、どれほど涙を流したか分かりません。本然の心情と通じることができる真理のみ言は、何度でも愛を爆発させる力をもち、その作用は実際に歴史を通して成就しているのです。（二四一―七〇、一九八六・二・一六）

原理のみ言がどれほど偉大で、どれほど革命的なものかを皆さんは知らなければなりません。原理の本をどれほど読んでみましたか。今まで、原理の本は棚に載せておいたのではないですか。先生が原理を探し出すためにどれほど苦労し、それを書くために劉孝元《ユヒョウォン》協会長がどれほど苦労したか分かりません。すべて先生の鑑定を受けなければなりませんでした。

皆さんは韓国語を学ばなければなりません。先生から見れば、翻訳されたものは、どれほど文章が欠落しているか分かりません。原理の本は、神様に「この文章は長いでしょうか」と尋ねながら、天から許しを受けて編集をしたのです。読むのが難しくても、原書で読まなければなりません。

原理の本は、千代、万代、皆さんの子孫を神様の直系の子孫として残すことのできる内容があるのです。そこに天があり、愛があり、希望があり、幸福があり、統一があるのです。（一九九六・五・三）

(二)「統一原理」の生活化

統一教会にも法があります。第一の法は何かというと「統一原理」です。原理のみ言《ことば》が法だということを知らなければなりません。(一〇三―二三四、一九七九・三・一)

皆さんが原理的な生活を通して原理を実現することが、何よりも重要です。それでは、原理の実現とは何でしょうか。他の原理はすべてなくなり、創造原理だけが残ります。人間には良心があるので、創造原理を中心として統一され得るのです。良心が喜ぶとおりに行えば、統一は自動的にできます。したがって、良心をつかみ、良心が喜ぶことだけをするように毎日教えれば、統一は自動的にできるのです。(二一―三四四、一九六九・一・一)

摂理的に見るとき、「真《まこと》の父母宣布」とともに、長子権復帰時代、父母権復帰時代、王権復帰時代、このような本然的基準を復帰する時代に入ってきました。ですから、今後、最も重要なことが原理原則的な生活です。創造理想を実現するためには、創造原理的な生活をしなければならないということです。創造原理は、救援摂理だけに必要な原理ではありません。創造原理である以上、これからみ旨の世界が訪れてくるようになるときにも、この道は誰もが守っていかなければならないのです。（二二二―二〇三、一九九一・一一・六）

「統一原理」は、一つの哲学でもなく、学説でもなく、その名のごとく神様の原理です。これは、神様の不変の真理なのです。一度その真理が明らかにされれば、その原理どおりに生きなければならず、その原理のもとで行動しなければなりません。少なくとも、その原理の成就のための基台が造成されなければならないのです。そうすればサタンは侵犯することができません。一人の人が真理と完全に一体にな

ったとき、サタンは彼を神様のもとから連れていくことはできません。（九一―一〇一、一九七七・二・三）

統一教会に入ってきてから一年、三年、十年というその期間、自分がどれくらい原理的な立場と強固な基盤の上に立ってきたかという問題が、これからの自分の生涯の価値を輝かせ、生涯の問題を左右するものになるのです。それはなぜでしょうか。原理的な基準に立つことによって、絶対的基準に近づいていくことができるからです。生活基準が原理に一致すれば、そこからその生涯は永遠のみ旨と一致するのであり、その基準に一致した内容によって自分の永遠の生死の問題が左右されるのです。それは、原理を中心として生活することが一つの堅固な基盤になるからです。

ですから、原理を離れた生活は、この上なく危険です。原理に基づき、原理に歩調を合わせる生活をしたときは、堅固で強固な基盤が私たちの生涯路程に残るのです。したがって、私たちは、原理とともに語り、原理とともに生活し、原理とともに実践しなければなりません。それを通してのみ、歴史を起こすことができ、歴史を導いていくことができ、新しい時代を創建することができるのです。

　このような基盤の上で、内的な生活や外的な生活、あるいは経済的生活や信仰生活をしなければ、安定した生活になり得ません。そのような原理的な生活は、私たちの生死の問題までも左右するのです。現世のそのような生活は、現在だけでなく、永遠の世界にまで残る基盤になります。このようなものこそ統一教会が主張する原理であることを理解して、皆さんはこの原理に立脚して生きなければなりません。私たちが一生において求めるあらゆる目的も、原理と一致する生活から、永遠に残り得る一つの確固たる基盤ができることを肝に銘じなければなりません。（三一―一〇二～一〇四、一九七〇・四・二六）

第三章　神氏族的メシヤの責任完遂

第一節　祝福家庭と神氏族的メシヤの責任

(一) サタン屈服と祝福家庭の基盤

サタンはどこから侵犯してきましたか。私たちはエバから侵犯してきたと思っていますが、エバにだけ侵犯したのではありません。アダムとエバに、すなわちアダム家庭から侵犯してきたのです。それでは、侵入したサタンを追放しようとすれば、どのようにしなければなりませんか。蕩減《とうげん》復帰原則から見るとき、どのようにしなければならないのでしょうか。個人でサタンを完全に屈服させることができるでしょうか。イエス様も、個人ではサタンを完全に屈服させることができませんでした。ですから、家庭をつくらなければなりません。それで新婦が必要なのです。サタンは、さらにアダムの息子、娘にまで侵犯して入ってきたので、家庭をつくらなければばサタンを完全に屈服させることができないのです。したがって、サタンを完全に屈服させる基準とは何でしょうか。それが祝福だというのです。（一九―一一二、一九六七・一一・三一）

堕落以降、あらゆる罪悪が全人類の体を征服しました。サタンの血統に連結されたのです。どのようにして、それを否定することができるでしょうか。それを否定できる道が蕩減路程です。真《まこと》の父母である私は、それをすべて清算しました。個人的な段階で蕩減を払い、家庭的な段階で払い、氏族的な段階で払い、そして国家、世界、天宙的な段階でも蕩減を払いました。真の父母によって真の血統に連結されれば、そのすべてを払ったことになるのです。ですから、祝福を受けた皆さんは、小メシヤの位置にいるというのです。（一四六―三〇〇、一九八六・七・二〇）

祝福された夫婦は、祝福されたその日から、果たすべき責任があります。その責任は、夫婦が一つになって家庭を形成して暮らすこと自体ではなく、二人が一つになって民族、あるいは国家を形成しなければならないということです。それが問題です。祝福された人が十人いれば、その十人の家庭が一つになり、新しい世界観をもって一つの新しい氏族を編成しなければなりません。新しい国家を形成しようと思えば、先に新しい氏族を編成しなければならないのです。その氏族は、分裂した氏族ではなく、一つに統一された氏族でなければなりません。

したがって、祝福された十人の目的は、互いに同じでなければなりません。これらの家庭は、サタン世界から探し立てた少数の家庭なので、常にサタン世界の攻勢を受ける立場にいます。ですから、常に一つに団結し、その環境に入ってくる圧倒的な力を凌駕《りょうが》できるように、結束を固めなければなりません。その力を凌駕しようと思えば、それ自体の内部が完全に統一されなければならないのです。このようにして一つになった姿になれば、いくら外的なサタンの侵犯を受けたとしても、十分に打ち勝つことができるのです。このように結集した実体を備えたところから、サタン世界の侵犯を受けない新しい氏族が形成されるのです。そのような団結した氏族を通して民族が形成され、その団結した民族を通して新しい国家が形成されるのではないかというのです。（三〇―一七五、一九七〇・三・二二）

㈡ 神氏族的メシヤの責任

原理のみ言《ことば》どおりに実践し、原理原則どおりに歩んだその実績が、個人的勝利、家庭的勝利、氏族的勝利となって氏族的メシヤ圏ができていれば、文《ムン》総裁を中心として、国家的勝利と世界、天宙的勝利を相続し、代わりに全権を行使できる、その国の王になるのです。氏族的王権を付与したところに、国家の相対的な存在が頭を下げなければならない時が来ています。（二二五―八二、一九九一・二・六）

今まで、この地は、天の希望と心情に通じ得るみ言をもつことができませんでしたが、皆さんはこれをもっています。このみ言《ことば》は、私のものとしてとどまるのではなく、万民のもの、永遠のものにしなければなりません。このみ言を天地の果てまで伝播《でんぱ》させ、そしてお父様に報告しなければならず、報告の成果に準じて祝福を受けなければならないのです。氏族の興亡が皆さんにかかっているというのです。（一一―二三二、一九六一・一〇・七）

血統を汚して愛の怨讐《おんしゅう》になったので、間違って受け継いだ種を取り除かなければならないのですが、命を奪うことはできないので、神様の種を受け継いで繁殖したのと同じ立場に立てようというのが接ぎ木の方法です。

六千年たった根から出てくる新しい命に芽接ぎして、その芽接ぎした所から芽が伸びるのです。そして、この芽から下に新しい根が張っていき、それまであった古い根を肥料として新しい芽を育てようというのが神様の復帰の役事であり、本然に戻る再創造の役事です。

皆さんは、自分の一族にこれをしなければなりません。皆さんが新しい芽となり、根を下ろしなさいというのです。根を下ろすとき、一族と関係をもったあらゆるものを逆に肥料とし、皆さんを成長させる新しい根の肥料として消化しなければなりません。皆さんの血統を通して、数千万年以上の価値のある収穫を天の倉庫に貯蔵しなければならないのです。貯蔵したその真《まこと》のオリーブの木の種をもらって、どこに蒔《ま》いても真のオリーブの木が育つ、そのような世界を再び見なければ、神様の解怨成就をすることはできず、真の父母の解怨成就はできません。これは厳粛な課題です。（二二〇―二一五、一九九一・一〇・一九）

皆さんが生きる目的とは何ですか。皆さんは、善かれ悪しかれ、先に天の召命を受けた人たちです。召された人には責任があります。先に知った人は、知らない人を教育してあげなければなりません。それが伝道です。

考えてみてください。今、皆さんが伝道した人が、「天地人真の父母様が少し前まで生きて地上で摂理していらっしゃったのに、既に聖和《ソンファ》された。私が一年だけでも前に知っていたなら、数カ月だけでも前に知っていたら……。人類の希望であり、天の希望であったお方が来られたのに、私は一度も見ることができなかったとは」と、どれほど嘆くだろうかというのです。(二〇一三・五・二　真のお母様)

歴史上、空前絶後のこの時を迎えて、皆さんにとって最も祝福された幸福な時であることは間違いありません。しかし、皆さんが責任を果たせなければ、最も悲惨な時になります。なぜでしょうか。皆さんによって伝道されずに亡くなった七十億の人類が、「あなたたちだけが祝福を受けて喜び、なぜ私たちには教えてくれなかったのか」と言って讒訴《ざんそ》するからです。

地の果てにいる人類が食口《シック》になってこのみ旨を知ったとき、どれほど待ち望んだか分からない再臨主、メシヤ、救世主が来られたのに、同じ時代に呼吸して生きていたにもかかわらず、一度もお父様のお顔を地上で拝見できなかったことに対して恨《ハン》をもつようになるのではないですか。そのように、真《まこと》の家庭や祝福家庭には大きな責任と蕩減《とうげん》があることを知らなければなりません。

ですから、伝道しなければなりません。神氏族的メシヤの使命を果たさなければなりません。皆さんの残りの人生で、これをしなければならないのです。これができなければ、霊界に行って真のお父様にお会いするときに面目がありません。あなたたちだけでなく、あなたたちの後代、あなたたちの子孫たちのためにも、必ずやしなければならないことです。（二〇一三・二・一〇　真のお母様）

何も持たず、資格もない私たちを信じて先祖の位置に立てようとしてくださる父母様の愛の前に、「死生決断」しなければならないのではないですか。これまで孝行することができず、天のみ前に多くの負債を負ったので、それを返さなければなりません。

真の父母様は、蕩減のない世の中をつくるために、生涯苦労されたのです。皆さんは到底返すことのできない負債を負っています。それを皆さんが実感し、痛感して生活するのが「死生決断」です。皆さん自身が感じなければなりません。

そのためには、まず教会が発展しなければなりません。教会を発展させようと思えば、食口《シック》が増えなければならないのです。それが伝道です。皆さんが負った負債を、たとえ少しであったとしても返すことのできる道が伝道です。それ以外の道はありません。人を捜し出せば、私たちが必要とするものはすべて付いてくるのです。教会が黄金の卵を抱かなければなりません。その黄金とはお金のことではないのです。天が必要とする貴い子孫、貴い人材を生む使命を果たさなければなりません。それが伝道です。（二〇一三・五・二　真のお母様）

私は、「皆さん、天に宝を積んで、みんな富者になりなさい」と言いました。誰もが富者になりたいでしょう。しかし、私が言う富者になりなさいという意味は、「伝道を一生懸命にやりなさい」ということです。

肉身をもって生きる地上生活には限りがあります。長く生きたとしても、百年を健康に生きることはできません。しかし、私たちは永生を知っています。私が一人の命、十人の命、百人の命を伝道するとき、彼らの永生に私が責任を受け持つことになります。それが、皆さんが富者になることです。永遠の世界において記憶される私自身になるというのです。この世の富者は一生で終わりますが、あの世においての富者は永遠なのです。（二〇一三・一〇・一四　真のお母様）

最も早く富者になることのできる道は、伝道です。私たちが伝道をたくさんして、すべての人が真《まこと》の父母様を知っている世界をつくれば、皆さんは富者にならざるをえません。そのようになれば、霊肉共にどれほど感謝する生活ができ、平安な生活をすることができるでしょうか。

外の世界は毎日、戦争のことを考えなければならず、その他にも様々なことが複雑です。どれほど違いがあるでしょうか。ですから、たくさん伝道しなければなりません。霊界のお父様や天の父母様が、本来のすべての所有をもつことができるようにしてさしあげられるのは、今ここに座っている皆さんたち祝福家庭なのです。（二〇一三・一〇・一五　真のお母様）

神氏族的メシヤの責任を実質的に完成させて、私が皆さんを天国に連れていき、真《まこと》のお父様に誇りたいのです。そのために、これから五苑（天議苑・天法苑・天財苑・天政苑・天公苑）を積極的に稼動させ、韓国の教会本部とともに神氏族的メシヤの責任を果たすために先頭に立てていきます。（二〇一四・一〇・二七 真のお母様）

真の父母を知らない人がいてはいけません。今まで様々な摂理機関が熱心に仕事をしてきましたが、実を結ばなければなりません。すべての家庭を真の父母様に侍る家庭にしなければならないのです。そうしてこそ国家復帰が成就します。そこに全力投球しなければなりません。そのことを成し遂げるために、皆さんは神氏族的

メシヤの責任を果たさなければならないのです。（二〇一四・一一・二〇　真のお母様）

第二節　『原理講論』を中心とした伝道

㈠ 原理講義の在り方

本を中心として、自分が鉛筆で書きながら学べば覚えることができます。重要な内容に対して、自分がこれから講義をするとき、どのように説明するかを学ばなければならないのです。そのようにして十回読んでみれば、その内容が頭に入るので、どこに行っても講義をすることができます。

今まで統一教会が発展しきれなかったのは、本から離れて講義をしたからです。原理講義をするときに本を使わずに講義をしたので、大衆の指導者を育てることができなかったのです。本をもって十回学べば、すべて講師になるというのです。（二一

三五―一七二、一九九二・八・二九）

本を使わずに講義をすれば、基本がないために、講義を聞いて感動しても、あとで参考にする材料がありません。本を使って講義をすれば、感動したところをいつでもまた読み返すことができます。自分一人でいても常に読み返すことができ、また、自分たちがあらゆる異端の声を聞いて動揺しても、本を中心とすれば、すべて一つのところに向かうことができるというのです。（二六五―二二一、一九九四・一一・二三）

今までは、本を見ずに講義をしたので、原理の本を訓読することと関係がなくなっていました。それは、全体の心霊発展に大きな損害をもたらしたのです。本を見て講義をしていれば、本のどこを読んだのか分かるので、それを何度でも読み返すことができます。そのようにして読めば読むほど自分の心情が復興します。恩恵が来るというのです。祈れば必ず恩恵が来るので、本質的な信仰を体恤《たいじゅつ》することによって信仰の味を自ら味わうのです。（二三二―九七、一九九一・一〇・二三）

これから講義をするとき、どのようにしなければならないのでしょうか。講義をするときは、ただ原理のみ言《ことば》を語ればよいと考えてはいけないというのです。先生の歴史を語り、神様の歴史を語ると考えなければなりません。結局、語る人がその歴史を相続し、その歴史と一致するために語るということです。十回やれば十回やった分だけ深まるので、語る人が先生や神様と心情的に近くなるためにというのです。人を救うとともに、語る人も近くなるために語るのです。

したがって、十回やれば十回やった分だけ近くなり、十回やれば十回やった分だけ深くなります。そのために祈れば、祈った分だけそれが深くなり、幅が広がります。高まるということです。高まるので、結局はどのようになるのかというと、心情基準において自分が発展し、心情一体を中心とする発展の度数を強化できる機会

が生じます。それがみ言《ことば》を伝える時間であり、食口《シック》を導き、教える時間です。（一五七—二五二、一九六七・四・一〇）

講義の最後には、必ず現在の先生のことを語らなければなりません。先生の過去と現在の立場がどのようなものだということを、常に語って結論を下さなければならないのです。そうすることによって、心情的に、始まりも天から、終わりも天からということになるのです。天と皆さんが一つになった立場で活動しなければなりません。結果がどのように動くか、そのように精誠を尽くしてやってみなさいというのです。

皆さんの立場は直接的な立場ではありません。間接的な立場です。したがって、間接的な立場は、直接的な立場（メシヤの存在）を常に忘れてはいけないということです。その立場を取らなければ、心情問題の一致点をもたらすことはできません。原理講義は、み言だけを伝えるものではありません。神様を伝え、神様の実体を伝え、神様の実体理想として、先生が今まで蕩減《とうげん》復帰してきた歴史的な事実を伝えなければならないのです。（一五七―二六一、一九六七・四・一〇）

原理のみ言を語るとき、歴史時代において新しい真理を宣布した先生の立場を慕うようにするのです。「この暗黒世界に対してこのようなみ言を最初に投じるとき、そのときの気分はどうだったのだろうか。また、大衆に対してみ言を伝えるとき、その大衆はどうだったのだろうか。それを思えば、今の私たちは幸せだ。大勢の人が歓迎する自由な立場でみ言を伝えることができるのだから、本当に千万回感謝しなければならない」、このように思わなければ、夜通し涙が止まらないということを体験できる良い機会を、皆さんはすべて失ってしまうのです。

そのような人たちが歩む道の上に、天は共にいないというのです。主人を失い、使いとして来た人たちが、主人のことを考えずに自分たちの思いどおりにして、物事がうまくいきますか。その国の物事がうまくいくでしょうか。講義をすれば講義をするたびに、最初からそのような心情を準備して話をするのです。そのようにしようとすれば、必ず先生について講義し、神様について講義しなければなりません。歴史について講義をすれば、それは神様について講義をすることであり、先生について講義をすることです。そのようにした上で自分を出せばよいのです。何のために講義をするのかというと、神様について講義をするためであり、歴史を蕩減《とうげん》するために世界で今も、責任を担っている先生について講義をするためです。そこにおいて私が一体となり、天宙のあらゆる無念な事情を、私自らがみ言《ことば》を通して明らかにしてあげるのです。ですから、結論に至れば、必ず天の心情と一致させなければなりません。始まりも一致させ、結論も一致させなければならないのです。（一五七—二五五、一九六七・四・一〇）

神様が天地を創造するとき、原理を中心として神様が心情の主体となり、原理と一つになって対象をつくったのではないですか。ですから、私自身に余裕がなければばなりません。講義をするとき、原理全体の骨子を考えることだけに全神経を注ぎ、頭だけで講義をしてはいけないのです。自分の心に神様をお迎えし、神様が臨在して自分と一つになれる心の余裕が底辺になければなりません。それがなければ、どのようにして神様が活動するのですか。

ですから、講義をするときは、必ず原理全体の骨子をすべて知っている立場で心の余裕をもち、「神様は何を願われるのだろうか。このようなみ言を中心として見てみるとき、神様がどれほど苦労されただろうか」ということを感じて、心情が誘発されるように神様の相対の立場に立ち、心で神様とやり取りできる相対的基準をつくらなければなりません。

それだけでなく、神様と一つになると同時に、神様のみ言と主体的な神様の能力と私とが一つになることによって、相手が再創造されることを感じなければならないのです。必ず新たにつくり直さなければなりません。つくり直すのは原理がするのですか。神様がつくり直してくださるのです。皆さんが神様のみ前に心情的な相対になれば、神様の力がそこに共にあり、相対を動かすことができるのです。原理がそのようになっています。主体と対象が授受作用をすれば、繁殖が起きるのではないですか。そのようにすれば感動を受けるようになるのです。これが正しい原理講義の在り方です。(六八―九七、一九七三・七・二三)

再創造の役事なので、神様が主体になり、私が協助する足場になって授受する力があってこそ、第三の対象が繁殖して復帰されるのではないですか。再創造はそうです。それが原理観です。また、それが原理講義をする人として備えるべき姿勢です。原理を完全に知らなければ、そのように相対的な影響を及ぼせる自分の心的基盤を整えることができません。ですから、祈らなければならないのです。「お父様、きょうはこのような題目で講義をいたします」と祈るのです。

祈りの中で講義をしながら、「神様はこのような心情をもっていた」ということを感じなければなりません。神様と論議しながら講義をするのです。「このみ言《ことば》を中心として、あなたが必要とする対象として、きょう復活させる人は誰でしょうか。あなたが願い、あなたが待ち望む人がいれば、私が全力を尽くしてその人を逃しません」と祈らなければなりません。いつも自分のやり方で講義をしようとしていては、伝達することはできても、人の命を復活させることはできないのです。絶対に命を蘇生《そせい》させることはできません。ですから、先生もそうです。講義をするとき、必ず神様を中心として影響を与えることができる立場でするのです。（六八―九七、一九七三・七・二三）

(二) 原理講義と伝道

「教会で一日に八時間講義をしなさい」と言いました。原理のみ言を語ったことに比例して食口《シック》が増えます。原理のみ言をどれくらい忠実に語ったか、問題はそこにあります。他の道はありません。み言で造られた人間がみ言を失ってしまったの

で、み言《ことば》で再創造しなければなりません。（一九八―二六～三〇、一九九〇・一・二〇）

み言をもって闘わなければならないのであって、他の方法はありません。それは、既に決定した事実です。昔、劉《ユ》協会長が一日に十六時間以上講義をしていたのと同じようにするのです。食口《シック》が増えていくのは、講義をする時間に比例します。今までの経験に照らしてみるとき、そうなのです。他の道はありません。（二〇七―三九二、一九九〇・一一・一一）

皆さんが本当に原理のみ言を語りたくて語った場合には、相対がどんどん増えていくようになります。原理のみ言を絶えず語ってみれば、原理的観点から、創造力によって食口がどんどん増えていくようになっているのです。仕方なくやれば、絶対に創造されません。訪ねていって話したいと思い、会って話をしなければならないと思わなければならないのです。絶えずそのようにすれば、創造されるのです。

（一六七―三三〇、一九八七・八・二〇）

精誠を尽くしながら、毎日一人でも連れてきて講義をしなければなりません。その時、村、郡、道に責任をもったのならば、責任をもったその人口に比例した数を中心として、「その人たち全体と向き合っていると考えながら、代表である一人のために講義をすれば、霊界にいるその人たちの先祖が協助して聞くことができる」という心をもって講義をしなければなりません。

そのために時間を組むのです。教会長たちは、一日に四回は講義をしなければなりません。そうして基盤さえできれば、その次からは六時間講義をするのです。そして、二時間は、これから育てようとする人たちに時間を割いてあげ、特定の時間を与えて講義をさせるようにするのです。（六八―八三、一九七三・七・二三）

㈢ 一対一訓読伝道

皆さんが一人一人を伝道するのです。一人一人、一対一です。一対一作戦をしなければなりません。皆さんがしなければならないというのです。そして、毎日四、五時間講義をした人は手を挙げてください。毎日、原理講義を三回することを実践した人は手を挙げてください。やらなかった人は、なぜやらなかったのですか。それは必ずやらなければなりません。人がいなければ、道端に出ていってラッパを吹くのです。先生の命令どおりに一日に三回、何が何でも講義をしなさいというのです。人がいなければ、自分たちの食口《シック》を呼んで講義をするのです。講義をたくさんすれば、講義をするその時間に比例して食口は増えていきます。それは、先生が今までやってきた、一生の間の統計がそうだというのです。(九六―三一六、一九七八・二・一三)

むやみやたらに伝道しても成功しません。一対一の作戦が必要です。一対一の作戦で、一人についてどのくらい集中攻撃をしたか、その回数の増減によって、参加する人数の増減が決まるのです。誠心誠意、尽くしてあげ、一つの目的のために、その国のために、世界のために誠を尽くす、その姿に感動して伝道されてくるのです。

ですから、街頭から引っ張ってきて一度来たとしても、もともと関心がない人であれば、流れていってしまいます。しかし、集中攻撃をした基盤の上でやって来た人は、「どうしてこの人がこうなったのだろう」と関心をもって来たので、「その根拠がこの思想のどこにあるのか」と関心をもって聞くようになるというのです。そういう人は、原理をすべて聞きます。それは理論的です。（七〇―一二二、一九七四・二・九）

皆さんが原理のみ言《ことば》を教科書として読んであげながら、解説をしてあげるだけでも、そこに集まったすべての聴衆が大きな感動を受けるようになります。神様が誰であり、人類の先祖が誰であり、人間の歴史がどのようになり、私たちは再び救われて戻っていかなければならないという、その思想がすべて整理されるようになっているのです。そして、そのすべてのことが自分の家庭から清算されていくことをはっきりと知るので、家庭に対する責任を重要視するようになるというのです。（二三四―一九二、一九九二・八・一〇）

たとえ日数がかかったとしても、本を訓読して教えてあげなければなりません。このようにして質問に対して答えてあげれば、自然と頭に入っていくのです。そのようにすれば、誰でも教えてあげることができます。もちろん講義もするのですが、講義をしながら、本を出してここの内容は重要だとして、必ず本を見てチェックしておくのです。そのチェックしたことを教えてあげれば、あらゆることが解決されます。（二二二―九七、一九九一・一〇・二三）

他のことはする必要がありません。本をもっていって一緒に読んであげるのです。感動的に読んであげなさいというのです。そうして、「分からないところがあれば、本のどこどこを一度読んでみてください」と言い、「それでも分からなければ質問してください」と言ってください。最初は、「創造原理」、「堕落論」、「メシヤの降臨とその再臨の目的」、それだけすればよいのです。

それらを理解したのちに、復帰原理を中心として、歴史がどのようにしてつくられてきたのかを教えてあげるのです。天がこのように受難の歴史を綴《つづ》り、私一人を救うためにこのような苦労をした、という信念をもたせてあげるようにしなければなりません。「教会を救うためではなく、あなた一人を救うために、今まで神様は苦労してきました。統一教会で真《まこと》の父母が苦労し、私たちが苦労したのは、あなた一人を救うためだったのであり、あなた一人を救うために、今まで多くの歴史時代における宗教が背後で犠牲になり、そのすべての代価を払ってきたのです」と話せば、どれほど責任感をもつだろうかというのです。（二三五―一七二、一九九二・八・二九）

三十冊の『原理講論』を一日に一冊ずつ貸してあげ、それを回収しながら続けていくと、一年後には三百六十冊の『原理講論』を貸してあげることになります。三百六十人が『原理講論』を読むのです。さらに一日に二冊ずつ貸して二週間で回収するようにすれば、一年間で七百二十人が『原理講論』を読むようになるというのです。

今まで伝道してきたのですが、本で伝道する方向を知らなかったのです。本で伝道すれば、膨大な数の人が伝道されます。三千万人の復帰は『原理講論』でしなければなりません。統計的に見ると、日本の場合、四パーセントが食口《シック》になっています。ですから、一年に十人を伝道できないということはあり得ません。これは科学的な数字によっても確認されたことです。（五五―二八九、一九七二・五・九）

原理の本を貸してあげるにしても、ただ貸してあげるのではありません。途中で感想を聞いてみて、「良かった」と言う人たちには本を売ってあげるのです。そして、原理に関心のある人たちがいれば、「親戚や、お母さん、お父さんにも私が話をしてあげるので、全員集まるようにしてください」と言って、集まった人たちにも原理の本を一冊ずつ配ってあげるのです。このようにして講義を続けながら、「この本をどこどこまで読んでください」と言って一週間、二週間でそれを読んでもらったあと、その内容について解説してあげなければなりません。そのようにして学ぶようにするのです。（五五―二八九、一九七二・五・九）

原理の本を分けてあげる運動をしなければなりません。「この本は、皆さんが幸福の道を歩み、人として価値のある生活をするために、必ず読んでおかなければならない本です。私は、この本を読んでたくさんの感動を受けました。私と同じように、皆さんも困難な環境で人生を歩みながら苦しんでいることを知っているので、同じ境遇にいる立場からこの本をお薦めします」、このように簡単に挨拶をして本を渡してあげるのです。

本を渡しながら、「いつくらいまでに読めますか」と聞いて、それを手帳に記録しておくのです。そして、名簿に住所と電話番号を分かりやすく記録しておき、読み終わる頃になったら電話をして、「読んでみましたか」と尋ねてみてください。読んでいなければ「いつまでに読めますか」と確認するのです。このように二度、三度と電話をすれば、いつ訪ねていっても反対されないというのです。（二六四―八七、一九九四・一〇・九）

第三節　神氏族的メシヤが歩む公式路程

(一) 祝福を受けるための信仰の三子女復帰

サタンが讒訴《ざんそ》する内容が残っていない私自身になっているかという問題、またそうすることのできる内容を私自身が備えているかという問題を中心として、ここに蕩減《とうげん》条件という言葉が出てくるのです。その蕩減条件を立てようと思えば、まず信仰の三人の息子、娘が絶対的に必要です。なぜなら、アダムとエバが堕落することにより、堕落した八人家族になったので、その八人家族を代表する基準を超えなければ行くことができないからです。

それを備えずに、「民族のために生きる。国家のために生きる。世界のために生きる」と言っても、その言葉は単なる形式にすぎません。このような出発の起点において、この基準は絶対的だというのです。その絶対的基準を解決していくべき運命の道にあるのが祝福の位置だということを、皆さんははっきりと知らなければなりません。（三〇――一八二、一九七〇・三・二二）

原理的に見るとき、三天使長を復帰しなければ、堕落していないアダムの位置に上がることはできません。アベルの位置は、堕落していない希望のアダムの位置を追求する位置なので、希望のアダムの位置に上がっていこうとすれば、アダムのために最後まで一つになる三天使長がいなければなりません。

サタンの讒訴《ざんそ》を受けないようにしようとすれば、三人以上の信仰の子女を伝道しなさいというのです。完全に一つになり、死のうと生きようと一つになれる位置に立った基準ができてこそ、天使長と離れず、神様と離れない本然の基準が決定します。そのことによって、本然の位置に上がっていける資格をもつ人になるのです。これが原理の内容です。（五六―三五五、一九七二・五・一八）

信仰の子女をどの程度愛すればよいかというと、この世の父母が自分の子女を愛する以上に愛さなければなりません。そうでなければ、信仰の子女は復帰されないのです。世の中の父母の愛は、サタン的な愛です。それ以上の愛の道でなければ、人は引っ張られてきません。それで、偽りの愛によって引っ張られていった人が、真《まこと》の愛によって戻ってくるようにしなければならないのです。

そのようにすることによって、勝利した愛の基準が三人の信仰の子女によって立てられ、その基盤の上に立って初めて、自分の子女を愛することができます。これは公式です。先生も、そのような生活を続けてきています。その公式を通過しなければ、完成基盤は生じません。（五五―一六〇、一九七二・五・七）

エデンの園でアダムとエバに対して天使長が誤ったその因縁が後代にまで残っているので、信仰の息子、娘を大切に育てて結婚させるまでは、安心して眠ることができません。なぜかというと、堕落する可能性があるからです。信仰の息子、娘をきちんと育てて祝福を受けさせたのちにこそ、皆さんが神様の族譜に息子、娘として記録され、天の国において登用されるというのです。このような原則があることを知らなければなりません。（二一―三四四、一九六九・一・一）

信仰の子女の三人が祝福を受ければ、八人家族になります。このようにアダム家庭の八人家族、ノア家庭の八人家族の家庭的な基準を立てなければならないのです。その基準の上で勝利の基盤を築かなければ、サタンを完全に追放することはできません。(一九―一一二、一九六七・一二・三一)

(二) 直系の子女と信仰の子女の一体化

皆さんが家庭復帰をするためには、信仰の三子女を探し出さなければなりません。そして、その子女と四位《よんい》基台を形成するのです。自分たち信仰の父母を中心とする外的な信仰の四位基台を形成して、信仰の子女が自分の直系の息子、娘に完全に侍ることができる基台を立てなければなりません。この信仰の三子女は、霊界における三天使長に該当します。三天使長が、アダムとエバが造られる時から侍っていたのと同様に、皆さんが祝福を受けたのち、出産する子女が腹中にいる時から信仰の子女が侍らなければならないのです。

これは何かというと、アダムが創造される前から、創造されて成人になって聖婚式をする時まで、天使長が協助しなければならないその基準を、皆さんがこの地上で蕩減《とうげん》復帰するのです。ですから、信仰の三子女は絶対に必要です。（二二―六二、一九六八・九・一）

皆さんの家庭で信仰の三子女を立て、直系の子女が腹中にいるときから信仰の子女が準備しなければなりません。「腹中にいる子よ！　早く誕生してください」と言える信仰の息子、娘をもたなければならないのです。そうでなければ完全蕩滅になりません。

イエス様を中心としてこの内容を見れば、ペテロ、ヤコブ、ヨハネがイエス様の信仰の息子です。そのような原則のもとで、イエス様はその三人の息子を引き連れていたのです。そのイエス様は、新郎として新婦を迎え、結婚して父親にならなければなりませんでした。

そうしてその時、信仰の三子女のペテロとヤコブとヨハネが、イエス様から子女が早く生まれることを願い、その子女が生まれて二十代になり、結婚していくときまで、事故のないように大切に育てなければならなかったのです。そのように保護して祝福を受けさせ、堕落する前のアダムとエバの基準を復帰させなければならなかったというのです。（二二―三四二、一九六九・一・一）

信仰の三人の息子、娘が、皆さんの子女に腹中から従順に屈服しなければなりません。それまでの皆さんを中心としたカイン・アベルの復帰は、生まれてから復帰したものです。しかし、根本においては腹中から復帰しなければならないのです。カインは天使長の立場であり、アベルはアダムの立場です。天使長は、アダムが創造されるときから仕えなければなりません。それを蕩減《とうげん》復帰するためには、信仰の三人の息子、娘が腹中から子女に侍り、完全に僕《しもべ》の立場に立たなければ、霊界にいる三天使長がアダムに屈服しないので、完全に復帰することができないというのです。皆さんがこれを決定しなければ、皆さんがサタンの讒訴《ざんそ》を完全に抜け出すことは絶対にできません。（一六〇―八七、一九六八・八・一二）

㈢ 家庭的安息基盤のための十二弟子と七十二門徒

三人では、四方の中で、東方の一方向だけしか出入りできません。太陽は東から昇ります。したがって、霊界で東方は春を意味します。ですから、三人を伝道することは春の季節を得た立場です。再び春が訪れるためには、夏と秋と冬を経て来るというのが原則です。永遠にサタンの讒訴を受けない立場に立とうとすれば、十二数の完成基準が必要だということです。（三五―二五二、一九七〇・一〇）

周囲から侵攻されない自分の家族の永遠な安息基盤を決定するためには、十二家庭を復帰しなければならないのです。三位基台は、天国に入っていく東方の三つの門を通過する資格と同じです。したがって、天国に入っていこうとすれば、十二人に奉仕し、彼らを屈服させた勝利圏を得なければならないのです。自分の命よりも信仰の子女を尊重する立場に立たなければ復帰できません。統一教会では、そのような条件を立てて復帰していくのです。ですから、少なくとも十二人は伝道しなければなりません。（三五―二五二、一九七〇・一〇）

三年間活動して、その間に十二人以上を伝道するのです。イエス様には十二弟子がいました。十二人は、イスラエルのヤコブ圏を復帰する人です。ヤコブを中心としたイスラエル民族には、七十人の長老がいました。彼らは、イスラエル民族の代表です。本来は七十二人です。したがって、七十二人を復帰しなければ、氏族復帰をすることができません。（三五―二五二、一九七〇・一〇）

イエス様は、三年間の公的路程において何をしようとしたのでしょうか。イエス様は、相対者を決めて結婚すると同時に、十二弟子の相対者を決め、その基盤の上にイスラエルの中心として立とうとしました。そうして氏族を結合し、民族、国家に発展させていきたいと思っていたのです。

十二人を伝道すれば、皆さんを中心として、イスラエル（ヤコブ）を勝利的に展開させた形態が現れます。家庭を中心として氏族復帰が可能なのです。したがって、十二人の信仰の子女と完全に一つになった家庭になれば、誰もが皆さんを歓待するでしょう。血縁関係もないのに、親密に一つになっている家族圏を見れば、日本のすべての家族、氏族が集まってくるというのです。（三五―二五二、一九七〇・一〇）

イエス様の十二弟子と七十二門徒、この八十四人が一つになっていれば、イエス様が死ぬことはありませんでした。イエス様が死ぬことのない勝利の基盤を築くためには、少なくとも七年間で八十四人を伝道しなければならないのです。それをしなければ、イエス様の復活圏である祝福の場に出ていくことができないようになっています。

今までは、堕落した父母が失敗したすべてのことを、真《まこと》の父母が復帰する過程だったので迫害が激しかったのですが、これからは真の父母が勝利した基盤があるので、どこに行っても歓迎される時に入ってきました。これは、七カ月以内に、うまくいけば一週間でもできる数字だということです。昔のイエス様は、他の一族を通してカイン世界を復帰して、自分の一族を訪ねようとしましたが、先生はカイン世界をすべて復帰したのです。ですから、皆さんはどこに行くのですか。自分の一族を中心として戻っていける氏族的メシヤ時代を迎えたというのです。これは驚くべきことです。(二五四―三〇七、一九九四・二・一六)

イエス様が十二弟子と七十二門徒の基盤を立てて、家庭的基準とモーセが失敗した民族的基準さえつかんでいれば、絶対に死ぬことはありませんでした。八十四人の基盤さえあれば、それを中心として百二十門徒をつくるのは問題にならないのです。十二弟子と七十二門徒が一つになれませんでした。血統が違ったために一つになれなかったのです。氏族的メシヤというのは、血統が同じです。争ったとしても、また会わなければなりません。氏族的メシヤという観点があることが、今日の復帰摂理において、どれほど大きな幸福か分からないというのです。（二五四―一二二、一九九四・二・二）

㈣ 氏族圏四百三十家庭の祝福伝道

皆さんは、この地で生きている間、自分の両親と親戚を伝道しなければなりません。したがって一つの家庭が、少なくとも百二十人は伝道しなければなりません。これが皆さんの一生における使命です。このような目標を中心として、今後、進んでいくのが統一教会の行く道です。

先生自身が三十六家庭、七十二家庭、百二十四家庭など、原理的な数を満たしていくのも、それが公式だからです。この公式の道を、皆さんも全員が行かなければなりません。この道は、今行くことができなければ、数十から数千万代の子孫を通してでも、再び行かなければならない運命の道です。

ですから、皆さんの行く道はとても忙しいのです。御飯を食べる時間もなく、休む時間もないほど忙しいというのです。いたずらに歳月を送るようにはなっていません。（三四―二六一、一九七〇・九・一三）

十二支派を中心として長にならなければなりません。アベルの位置を取り戻し、モーセの位置を取り戻して七十二家庭を立て、イエス様の百二十家庭を祝福しなければなりません。そして四百三十家庭を終えてこそ、自分の一族の入籍が可能になるのです。基礎を築いて勝利した覇権の実体的な結実自体を、皆さんが備えなければならないのであって、先生はしてあげられません。自分自身が成し遂げなければならないのです。（二〇〇四・二・二四）

自分を中心とした基盤がなければなりません。その基盤とは何かというと、先生が祝福した三十六家庭、七十二家庭、百二十四家庭、四百三十家庭のことです。その組織をつくってこそ入籍ができるのです。ですから、三十六家庭、七十二家庭、百二十四家庭、四百三十家庭を編成しなければなりません。（二〇〇一・一一・二）

皆さんが十二使徒、三十六家庭から七十二家庭、百二十四家庭、四百三十家庭をすべて編成しなければ、氏族的基盤を連結させた国家解放時代が訪れてきません。それが原理観です。釈放を成し遂げるためには、世界に編成して接ぎ木し、万国家が同じ位置に立って神様が定着してこそ、王権を樹立できる祖国光復になるのです。神様の祖国と、平和の王権を実現できる世界にならなければ、神様が万王の王の位置に上がっていけません。それが公式になっています。（二〇〇四・六・八）

訓読教会を中心として三人が十二家庭を立て、七十二家庭、百二十四家庭、四百三十家庭まで立てるのです。そして、自分の一族、自分の祖父母の親戚、朴《パク》氏なら朴氏、李《イ》氏なら李氏を訪ねて四百三十家庭を満たさなければなりません。こうしてこそ国を解放することができ、国を復帰して世界の国に接ぎ木できるのです。そのようにして天一国《てんいちこく》を統一しなければならないというのです。（四二五—五七、二〇〇三・一一・八）

私たちの地上生活が私自身の肉身だけのための生活になっては、永遠の世界に入り得る完璧な資格を備えることはできません。地上世界での生活は、父母様のみ言《ことば》に従って真《まこと》の愛を実践する生活にならなければならないのですが、そのような生活をする立場の人は、他のために生きなければならないのです。自分だけが祝福を受けて真の父母様を知っている位置にいてはいけないという話です。それで、真のお父様は、「神氏族的メシヤとして四百三十家庭を祝福しなさい」という最後の遺言

を通して私たちを祝福してくださいました。これは祝福です。（二〇一四・一一・二〇　真のお母様）

真の父母様の御言集

祝福の絶対価値と神氏族的メシヤの責任完遂

2015年1月1日　初版発行
201[illegible]年4月27日　第7刷発行

編　集　世界基督教統一神霊協会
発　行　株式会社　光　言　社
〒150-0042　東京都渋谷区宇田川町37-18
電話 03-3467-3105（本社・編集部）
03-3460-0429（営業部）
http://www.kogensha.jp
印　刷　株式会社　ユニバーサル企画

ISBN978-4-87656-363-0
定価はブックカバーに表示してあります。
乱丁・落丁本はお取り替えいたします。